Other titles in the UWAP Poetry series (established 2016)

The dancer
in your hands < >

Jo Pollitt

Jo Pollitt is an interdisciplinary artist and scholar, whose work is grounded in a twenty-year practice of improvisation across multiple performed, choreographic and publishing platforms. As dancer, choreographer, writer and dramaturg, her work has been presented locally and internationally. Jo has taught improvisation to several generations of dancers at WAAPA, she is co-founder and director of the creative arts publication *BIG Kids Magazine*, co-founder of the feminist research collective *The Ediths* at ECU and artist-researcher with *#FEAS -Feminist Educators Against Sexism*. In 2019 Jo was awarded the Western Australian Academy of Performing Arts Research Medal. She is currently a Postdoctoral Research Fellow at Edith Cowan University.

Jo Pollitt
**The dancer
in your hands < >**

Poetry

First published in 2020 by
UWA Publishing
Crawley, Western Australia 6009
www.uwap.uwa.edu.au

UWAP is an imprint of UWA Publishing,
a division of The University of Western Australia.

Copyright © Jo Pollitt 2020
The moral right of the author has been asserted.
ISBN: 978-1-76080-147-2

A catalogue record for this
book is available from the
National Library of Australia

Designed by Becky Chilcott, Chil3
Typeset in Lyon Text by Lasertype
Printed by McPherson's Printing Group

uwapublishing

MIX
Paper from
responsible sources
FSC® C001695

for lilla

That I live and work on Whadjuk Noongar boodja invests me with openness to not knowing, and understanding that listening through the body is not a new project but a complex multiplicity of relearning and returning. I acknowledge the traditional custodians of this unceded land, past and present.

<>

Contents

Prologue

she

cries

she cries she cries she cries she cries she cries she cries she cries
she cries she cries she cries she cries she cries she cries she cries
she cries she cries she cries she cries she cries she cries she cries
she cries she cries she cries she cries she cries she cries she cries
she cries she cries she cries she cries she cries she cries she cries
she cries she cries she cries she cries she cries she cries she cries
she cries she cries she cries she cries she cries she cries she cries
she cries she cries she cries she cries she cries she cries she cries
she cries she cries she cries she cries she cries she cries she cries
she cries she cries she cries she cries she cries she cries she cries
she cries she cries she cries she cries she cries she cries she cries
she cries she cries she cries she cries she cries she cries she cries
she cries she cries she cries she cries she cries she cries she cries
she cries she cries she cries she cries she cries she cries she cries
she cries she cries she cries she cries she cries she cries she cries
she cries she cries she cries she cries she cries she cries she cries
she cries she cries she cries she cries she cries she cries she cries
she cries she cries she cries she cries she cries she cries she cries
she cries she cries she cries she cries she cries she cries she cries
she cries she cries she cries she cries she cries she cries she cries
she cries she cries she cries she cries she cries she cries she cries
she cries she cries she cries she cries she cries she cries she cries
she cries she cries she cries she cries she cries she cries she cries
she cries she cries she cries she cries she cries she cries she cries
she cries she cries she cries she cries she cries she cries she cries
she cries she cries she cries she cries she cries she cries she cries
she cries she cries she cries she cries she cries she cries she cries
she cries she cries she cries she cries she cries she cries she cries
she cries she cries she cries she cries she cries she cries she cries
she cries she cries she cries she cries she cries she cries she cries
she cries she cries she cries she cries she cries she cries she cries
she cries she cries she cries she cries she cries she cries she cries
she cries she cries she cries she cries she cries she cries she cries

she cries she cries she cries she cries she cries she cries she cries
she cries she cries she cries she cries she cries she cries she cries
she cries she cries she cries she cries she cries she cries she cries
she cries she cries she cries she cries she cries she cries she cries
she cries she cries she cries she cries she cries she cries she cries
she cries she cries she cries she cries she cries she cries she cries
she cries she cries she cries she cries she cries she cries she cries
she cries she cries she cries she cries she cries she cries she cries
she cries she cries she cries she cries she cries she cries she cries
she cries she cries she cries she cries she cries she cries she cries
she cries she cries she cries she cries she cries she cries she cries
she cries she cries she cries she cries she cries she cries she cries
she cries she cries she cries she cries she cries she cries she cries
she cries she cries she cries she cries she cries she cries she cries
she cries she cries she cries she cries she cries she cries she cries
she cries she cries she cries she cries she cries she cries she cries
she cries she cries she cries she cries she cries she cries she cries
she cries she cries she cries she cries she cries she cries she cries
she cries she cries she cries she cries she cries she cries she cries
she cries she cries she cries she cries she cries she cries she cries
she cries she cries she cries she cries she cries she cries she cries
she cries she cries she cries she cries she cries she cries she cries
she cries she cries she cries she cries she cries she cries she cries
she cries she cries she cries she cries she cries she cries she cries
she cries she cries she cries she cries she cries she cries she cries
she cries she cries she cries she cries she cries she cries she cries
she cries she cries she cries she cries she cries she cries she cries
she cries she cries she cries she cries she cries she cries she cries
she cries she cries she cries she cries she cries she cries she cries
she cries she cries she cries she cries she cries she cries she cries
she cries she cries she cries she cries she cries she cries she cries
she cries she cries she cries she cries she cries she cries she cries

she cries she cries she cries she cries she cries she cries she cries
she cries she cries she cries she cries she cries she cries she cries
she cries she cries she cries she cries she cries she cries she cries
she cries she cries she cries she cries she cries she cries she cries
she cries she cries she cries she cries she cries she cries she cries
she cries she cries she cries she cries she cries she cries she cries
shecriesshecriesshecriesshecriesshecriesshecriesshecriesshecries
shecriesshecriesshecriesshecriesshecriesshecriesshecriesshecries
shecriesshecriesshecriesshecriesshecriesshecriesshecriesshecries
shecriesshecriesshecriesshecriesshecriesshecriesshecriesshecries
criesshecriesshecriesshecriesshecriesshecriesshecriesshecriesshe
s   h   e   c   r   i   e   s
shecriesshecriesshecriesshecriesshecriesshecriesshecriesshecries
shecriesshecriesshecriesshecriesshecriesshecriesshecriesshecries
shecries shecriesshecriesshecriesshecriesshecriess
hecriesshecriesshesheshecriesshecriesshecriesshec
riesshecriesshecriesshecrieshecriesshecriesshec
riesshecriesshecriesshecriesshecriesshecriesshe
criessheshecriesshecriesshecriesshecriesshecrie
sshecriesshecriesshecriesshecriesshecriesshecri
esshecriesshecriesshecriesshecriess
hecriesshecriesshecriesshecri
esshecrisshecriesshecries
shecriesshecriesshecri
esshecriesshecriessh
ecriesshecriesshe
criesshecriessh
ecriesshecriess
h   e   c   r   i   e   s   s   h   e
c   r   i   e   s   s   h   e

cries.

In the years I stopped crying I began counting all of the tears of those who did.

Catchment of crying. Continuous waterfalling with weight enough to lean into, push against, run through, fight under. This is fighting underwater. Force under water. Forcing falling. Soundless.

I am a well without you.

<

Turn

I am drawn from a body in impossible stasis. She is an artist. The scar dividing her chest will identify her to other lovers. The cut a deliberate wound made in her early twenties. Standing in front of a dare to wound, to enter. Her stitches warn me and I am left with less access to myself. Less and less ready. I stay in the continuum of moving, in the continuum of the practice of changing my mind, of perpetual segue, of embodying distraction. I am slippery even as me. I, she, you, we. Read faster. Read faster. Skim for sensation. Skim for density and provocation. Skim for sentences that assure, affirm, say it for you, say yourself. You have done this before. I have lost my voice. Speak for me. Read for me. Read me.

Turn

Each portion a page, each cover a face, each side a best one, each fold an elbow, each organ a question, each bend a beginning, each reading a voice, each night a hearing, each cut an entry, each section a swallowing.

Turn

She was expert at turning but there was a confusion of corners. How to get around a corner you have backed yourself into. She has your back. Turn turn turn turn turn turn turn turn turn   t
u
r
n

Up against the wall her hands compress this spine and there is less and less space in her pressure. It's personal I tell my students and now here I am, hands up in defence. Back it up. I am turning and turning and turning away. I'm telling you stories. Trust me says Winterson[1] and I do. And don't. Trust you. Trust myself. The peace is a front. Each story a country of departure. Each trial ends in distance. Until somebody cries. And another story is taken over.

Turn

You take me over.

Turn

The cardiologist pronounces five extra beats. I think that is lucky. Beats up my sleeve. Read faster. Read faster. Invisible speed. She stills time and cuts it open just once. And it is enough. To be seen. I am all red shoes but without the romance of ending. Dancing is no definitive act. No hanging. It keeps going. And in that practice of distraction I keep turning. Only the betweens. Only beginnings. Begin begin begin. Only endings. Endless open enedlessness. Expert.

Turn

This is a dancer hidden into writing, found, palm size, in your hands, folding, inside outing both pressed one third at a time comma time one third at once comma this is a dancer comma borrowing a qantas plane comma at two am comma in nineteen ninety eight comma this is the time it takes to depart. This is leaving to stay. This is a turning of angle comma to continue form to continue the dance comma this is not possible comma this is admission ‖ this is a defence of guilt this is a potential blackout this is wire this is standing alignment this is standing in comma this is delay this is a progressive walk out this is illumination this is a line up this is a line up of leaves thin veined and fanning pressed in hardcover tombs of books and sand pouring from hip sockets.

Turn

The dizzy of turning charges her words as guilty. To stay standing now, continue to spin. My teacher, the great ballerina Lucette Aldous, was clear about what it takes to stay on your legs; one to think, one to spin, one to think, one to spin, one to think, one to spin, one to think, one to spin. Turn me over, tear the corners to remember what I said. What you said in return. Remember returns. No tears in the fold of my arms. Stand off. This is a white privilege arrest. Spin spin. Time to give back your concrete house and three children. Spin spin spin spin. Your contract has been breached and I will number all the ways:

1. you promised
2. you promised
3. you promised
4. you promised
5. you promised
6. you promised
7. you promised
8. you promised

you

think spin think spin think spin think spin think spin think spin think spin think spin think spin spin spin spin spin spin spin spin spin spin spin spin spin spin spin spin spin spin.   continue to spin.

I do.

Turn

He sends a text message   data

that he accounts for   In dollars

Turn

She: I can stand exactly here in front of you and you won't see me.

He: So reposition yourself.

She: I can stand exactly here in front of you and you won't see me.

He: So stand back to where you were before.

Turn

She can't think, he won't move, they have lost the cards to call it.

Currency of accumulation. Tense and ownership. Debt.

Turn

Charge her with treason to familial code/Charge her with deception/
Charge her with losing sight/ Charge her with losing site/ Charge
her with ambiguity/Charge her with crisis/ Charge her with change/
Charge her double/Charge her /Charge / her / with/ Charge her/
Charge / Charge / charge / charge / charge / charge / charge / charge
/ charge / charge / charge / charge / charge / charge / charge /
charge /
/   /   /   /   /   /   /   /   /   /   /   /   /
///
///////////
/   /   /   /   /

                /   /

        /   /   /

                /   /

/   /   /

                        /

        /   /

                        /

/   /

                /   /

        /   /

                        /   /

                /

                /

                                /

        /   /

                                /

        /   /

                                /

        /   /

                                /

/ Off with her head /

I held her head in my hands in my hands in my hands
cut
/
off
with her head.

He: Y o u. w i l l. n e v e r. s a v e. u p. e n o u g h. t o. c o v e r. t h e. c o s
t. o f. l e a v i n g.   \   o n e t h o u s a n d o n e h u n d r e d a n d s i x
t y e i g h t d a y s s h e i s s t i l l s a v i n g c o v e r i n g c o s t i n g w i l l
i n g l e a v i n g /

Turn

The practice of turning

Turn

There is no state that can retrain the order of breathing.

Turn

turn turn turn turn turn turn turn turn turn turn turn turn turn turn
turn turn turn turn turn turn turn turn turn turn turn turn turn turn
turn turn turn turn turn turn turn turn turn turn turn turn turn turn
turn turn turn turn turn turn turn turn turn turn turn turn turn turn
turn turn

turn
turn

turn / turn   t
                     t
               turn t
                     t
t

t
t
t

t
t

t
t
t

t

t

t

t

t

t

t

t

t

t

t
t
t

t

t
t

t

t

t

t
t   t

t

t

t

t

t
t

t

t

t
t

t

t

t

t

t
t

t

t

t

Vertigo

How long is the life of a movement? How long to end.

Vertigo

Stay with the start. A series of staying. Start staying. Stay here starting. Start with me. Stay. Only beginnings. Only begin. Stay again. Stay with leaving.

Dance dancer dance.

This is a dancer writing as dancing. In your hands her hiding. Hands as hiding place. Five, six, seven, eight; dance floor; stage; theatre; kitchen; inside spaces with doors and windows. Hands with webbed fingers; one hundred touch receptors on every tip. Pull her spine apart. Gently. Prise. To make more space. Read to breathe. Dance is her alibi. This telling her seek.

Vertigo

I am happy to be in your hands in the whole truth. I would be happy to hit the wall should that be your finding. To be thrown.

Vertigo

Dance dancer dance

This is a book before it's ready. A page turning itself. Each page an elbow. As a dancer I am good at corners and elbows and turning. Beckett and Stein in my turn turn turn. This is a making of moves. No crying she makes. Moves before beginning. Beginning before moving. Always there is beginning before moving. Always there is moving before beginning. Imperceptible slipstream, overlap, mutual bodies of thinking. Thinking as beginning. Thinking as moving. Time of half turning. Corners and corners and corners and corners. Turning without seeing. Turning too early. A turn too early. Life before ready. A consequential falling/down of stairs. Backwards reading. Too late for forwards. Press the covers together and I will be so quiet. Where there is no risk of breathing.

She was too early.

What the fuck was I thinking.

Vertigo.

I think writing is desire
not a form
of it. It's feeling
into space,
tucked into
language slipped
into time,
opened,
felt.

Wrote Eileen Myles 'for jordanna'[2]

I think dancing is desire not a form of it.
I think writing is dancing not a form of it.

Wrote the dancer

Dance dancer dance

Vertigo

Twenty years ago a woman aged twenty stood at the top of the
stairs and declared to me she was gay. She says now it was the
worst moment of her life and that I laughed and easily shook it off
as pertaining to nothing. Particularly not as pertaining to me.

Vertigo

Two days ago that woman and I each pulled over under the same high moon, hovering on the two far edges of Australia, my car engine stalling a third way up a hill, we spoke in the dark until early hours of morning. The woman had been dancing, a first out, a first outing, after all of those years, after coming down stairs, swing, swing dancing, coming out swinging, a third way up the hill, stalling still, my stalling, after the conversation, solo dark silence sounding delay to home, delay to leave the time difference, delay to leave the stairs. The engine idled, I pressed my foot to the floor, to my house already so full, what was I thinking. These weren't my stairs. What the hell was I thinking? I thought it was possible. How to be both by Ali Smith[3]. I thought it was possible.

one to think / one to spin, one to think / one to spin, one to think / one to spin, one to think / one to spin. How to make them one I want. To be both / / / / / / / / / / / / / / / / / /

/ /

//

Speed

This is betrayal, disclosing bias, this is breath comma wave comma this is writing and driving comma how did she do it comma she asked for it comma disappeared comma pushed comma was pushed comma under comma revolution comma without comma trial comma

Speed

She asked for it. Invited it. Progressively pressed it. Dared it. Pushed pages in front of preparation and said say this. Say this before there is future. Say this with unspoken clause of upending nothing. Say this out of frame. Say this out of life. Out of frame is out of falling. There is no consequence out of frame. This is out of frame. I promise. I promise. I promise.

Speed

Out take. Turn out. She did not agree to falling out of frame. She did not agree to consequence. safe/safe. She did not agree to upending. She was out of turn. She was not ready. She was too soon.

Speed

What of not getting up comma what of walking faster not getting up comma walk faster comma forwards comma walk faster forwards comma walk faster reading forwards comma read every second letter comma read through comma reading backwards walking forwards through comma write comma faster comma write forwards walking backwards faster comma write backwards comma in a column comma call it comma play it forwards comma conceal comma speed comma hold comma fold fast comma wilt comma pause comma talk without warning comma talk faster comma talk upwards comma in a column comma talk forwards comma talk now comma say it comma say it now comma

He nods comma she stands comma comes comma come comma turns comma counts comma turns pages comma she's a professional page turner comma sliding comma time comma under comma white sheet comma under comma seen comma turning to continue comma repeated leaving backwards comma conceding comma towers comma falling comma

Speed

Pick up comma pick up less comma slow comma don't comma press comma or test comma retreat comma she is not turning comma I am not mine comma I am flailing comma crash comma wait comma wake up comma answer comma get up comma drive comma drive comma drive into corners comma end comma end comma not end comma not I comma this is Beckett's Not I comma close of a long day[4] comma she does not comma get up comma pick up comma end comma drive comma stand comma fall comma fall comma stay comma   Stay with leaving

Speed

What of the swallowing comma what of the lips what of the tongue comma what of the insides of her throat on the way down comma who knows comma the way she took comma her red comma short black comma in perfect form comma not wasting a word comma or a thought comma and the time comma it took comma for the cane to fall comma by her side comma sounded again comma and again comma fall comma lean comma lean to retrieve comma the practice comma of leaning comma and the slight comma nod comma of an unanswered head comma neck comma lost comma track of time comma in acceleration comma of ending comma and delay comma she fell comma folding comma to rest her head comma in sound comma.

She	turnedawavealifealoverawarningasoaring
She	droveahistoryaheavingacallingapressing
she	foughtalongingadrowningadepth
she	roseamountainacandleawakeasour
she	stoodawayapartretreat
she	dugaheartaholdingatruthasafety
she	walkedaredawhiteafallingabelieving
she	forgotawarningapromiseadetentionaleaving
she	battledadistractionagatheringasecretadrawingaswell
she	ranunmovingamoving

Speed

Speed

Speed

Speed

Speed

Speed

Speed

Speed

What if you remember comma the act of burning comma not what
you burnt comma the act of writing comma not what you wrote
comma the act of living comma not what you lived comma the act of
knowing comma not what you knew comma the act of loving comma
not what you loved comma

what if comma

the act of doing comma

not what you did comma

was all you could remember comma comma comma comma comma
comma comma comma comma comma comma comma comma
comma comma comma comma comma comma comma comma
comma comma comma comma comma comma comma comma
comma comma comma comma comma comma comma comma
comma comma comma comma comma comma comma comma
comma comma comma comma comma comma comma comma
comma comma comma comma comma comma comma comma
comma comma comma comma comma comma comma comma
comma comma comma comma comma comma comma comma
comma comma comma comma comma comma comma comma
comma comma comma comma comma comma comma comma
comma comma comma comma comma comma comma comma
comma comma comma comma comma comma comma comma
comma comma comma comma comma comma comma comma
comma comma comma comma comma comma comma comma
comma comma comma comma comma comma comma comma
comma comma comma comma comma comma comma comma
comma comma comma comma comma comma comma comma
comma comma comma comma comma comma comma comma
comma comma comma comma comma comma comma comma
comma comma comma comma comma comma comma comma
comma comma comma comma comma comma comma comma > >

I started to see the back of her neck

Everywhere

Not one, not her, hers.

Backs of necks, plural. Many

Women

Standing turned

Standing

Open seeing

Standing, worlds behind them

Turning

(her)

I am in love with the backs of women

(back)

Divided

Winter: 'What did you want summer?
            For me to put you back summer?
            Return you safely summer?
            The same as the last summer?
            The bare of my back summer?
            Retrieving your steps summer?
            Replacing your grief summer?'

Summer: 'With permission winter.'

divided

In the winter I drowned my fingers in the winter in the winter she cradled them each tiny bitten pocket of attention in the winter her jaw gave opening in the winter to breasts splayed in the winter softened in the winter held in the winter wet in the winter no bitter in the winter no incline in the winter she is tired in the winter in the time between summer in the time between winters in the time between light and light in the winter sounds far in the winter calls repeat in the winter sound her sleep her in the winter raise and fire her in the winter save her in the winter situate her dire in the winter make her laugh in the winter what in the winter are you naming of this recording in the winter what beginning in the winter what initial what future what allowance in the winter what leaves and bough in the winter what pen and frame in the winter what mind and love what break and cast what flight what scene what day what date what time what fate in the winter they all left in the winter bar one in the winter who stayed in winter hair pulled back and regal in the winter authority in winter tender in the winter does not leave in the winter not even in leaving in winter in love in the winter leaving in the winter turn in the winter turning into winter turn turn

divided

These corners suspect I am coming, turn, turn, turn. Graph this dance comma and the arrhythmia they calculated in my heart will flash like neon all the way to David Walsh[5] who will buy the spaces between the beats and exhibit them on his island. The acceleration of beating. Dancer as chorus. This is the season. Turn, turn, turn.

divided

She is me. She is dancing. She is not her lover. She is other. She is not him. He is me. He is the last stop. Stopped. She is the go. She is her own delay. She is her other. There is a conversation. You are talking, you are she. You are her. Or you are he. She is we. In the turn of your hands and my overlapping lines. The turn of your hands in my overlapping lines. The turn of your hands in my overlapping lines. In the turn of your hands

and my overlapping lines The turn of your hands in my overlapping lines The turn of your hands and my overlapping lines The turn of your hands in my overlapping lines The turn of your hands in my overlapping lines The turn of your hands in my overlapping lines The turn of your hands in my overlapping lines The turn of your hands in my overlapping lines The turn of your hands in my overlapping lines The turn of your hands in my overlapping lines The turn of your hands in my overlapping lines The turn of your hands in my overlapping lines The turn of your hands in my overlapping lines The turn of your hands in my overlapping lines The turn of your hands and my overlapping lines The turn of your hands in my overlapping lines The turn of your hands in my overlapping lines The turn of your hands in my overlapping lines The turn of your hands in my overlapping lines The turn of your hands in my overlapping lines The turn of your hands in my overlapping lines The turn of your hands in my overlapping lines The turn of your hands in my overlapping lines The turn of your hands in my overlapping lines The turn of your hands in my overlapping lines The turn of your hands in my overlapping lines The turn of your hands and my overlapping lines The turn of your hands in my overlapping lines The turn of your hands in my overlapping lines The turn of your hands in my overlapping lines The turn of your hands in my overlapping lines The turn of your hands in my overlapping lines The turn of your hands in my overlapping lines The turn of your hands in my overlapping lines The turn of your hands in my overlapping lines The turn of your hands in my overlapping lines The turn of your hands in my overlapping lines The turn of your hands in my overlapping lines The turn of your hands in my overlapping lines The turn of your hands in my overlapping lines The turn of your

hands in my overlapping lines The turn of your hands in my overlapping

In the turn of your hands.

In the turn of your hands

I make

                                                                   sense

                 un   divided

adrenaline sweeps tops of forearms and fingers far bitten collect like vestibules like estuaries like fucking suburban cul-de-sacs on the for-sale sign keeping our children safe. you are holding the dancer in your hands. hold her. i know no safety now, i trust no art form to hold these bricks together. five extra beats. the sound of beating. soundtrack of speed faster than she can count. the tracking of beating. one two three four five. the sound of acceleration. she stands behind each beat in anticipation. catches the tail wind the echo the tug the taking. it is dark. it is too light. hours press in. there is no room. off with her head. she pushes thoughts into her legs like rescue, like lactic acid. like the grief of stillness. this is the part where they all fall out. the soundtrack of arrhythmia. this is a manifesto that can go and fuck itself. in long form. long form fucking. everything is too long, except marina abramovich who just sits there[6]. everything is too short, the sound of boys at peak volume in midday water fight, pomegranate seed weapons flung far from the plate of the head chef dressing. off with her head. mercy there. this a woman writing. bearer of boys. this is the unmoving. this is unequal. this is notice. this is the offer. turn over. turn, turn, turn. each coagulating in her sternum. everyone corners into concrete. the tree roots were illusion, the pliable branches, changing leaves. c o n c r e t e. tricked by trees.

divided   divided

divided	divided
divided	divided
divided	divided
divided	divided
divided	divided
divided	divided
divided	divided
divided	divided
divided	divided
divided	divided
divided	divided
divided	divided
divided	divided
divided	divided

/   /

```
/////////////////////////////////////////////////////////////////
/////////////////////////////////////////////////////////////////
//////////////////////////////////////////////////\//////////\//////
/////////////////////////////////////////////////////////////////
/////////////////////////////////////////////////////////////////
/////////////////////////////////////////////////////////////////
/////////////////////////////////////////////////////////////////
/////////////////////////////////////////////////////////////////
/////////////////////////////////////////////////////////////////
///////////////////////////////////\/////////////////////////////
/////////////////////////////////////////////////////////////////
/////////////////////////////////////////////////////////////////
/////////////////////////////////////////////////////////////////
/////////////////////////////////////////////////////////////////
/////////////////////////////////////////////////////////////////
////////////////////////////////\/////////////////////////////////
/////////////////////////////////////////////////////////////////
/////////////////////////////////////////////////////////////////
/////////////////////////////////////////////////////////////////
/////////////////////////////////////////////////////////////////
/////////////////////////////////////////////////////////////////
/////////////////////////////////////////////////////////////////
/////////////////////////////////////////////////////////////////
/////////////////////////////////////////////////////////////////
///////////////////////////////////////////////u/////n/////d////e////r///
/////////////////////////////////////////////////////////////////
/////////////////////////////////////////////////////////////////
/////////////////////////////////////////////////////////////////
/////////////////////////////////////////////////////////////////
/////////////////////////////////////////////////////////////////
```

```
/////////////////////////////////////////////////////////////////////
/////////////////////////////////////////////////////////////////////
/////////////////////////////////////////////////////////////////////
/////////////////////////////////////////////////////////////////////
/////////////////////////////////////////////////////////////////////
/////////////////////////////////////////////////////////////////////
/////////////////////////////////////////////////////////////////////
/////////////////////////////////////////////////////////////////////
/////////////////////////////////////////////////////////////////////
/////////////////////////////////////////////////////////////////////
/////////////////////////////////////////////////////////////////////
/////////////////////////////////////////////////////////////////////
/////////////////\\acceleration/////////////////////////////////////////
/////////////////////////////////////////////////////////////////////
/////////////////////////////////////////////////////////////////////
/////////////\/////////////\/////////////////////////////////////////
/////////////////////////////////////////////////////////////////////
/////////////////////////////////////////////////////////////////////
/////////////////////////////////////////////////////////////////////
/////////////////////////////////////////////////////////////////////
///////////////////////////////////////////////////////////////\/////
/////////////////////////////////////////////////////////////////////
/////////////////////////////////////////////////////////////////////
/////////////////////////////////////////////////////////////////////
/////////////////////////////////////////////////////////////////////
/////////////////////////////////////////////////////////////////////
//////////////////////////////////////////////////////////\/////////
/////////////////////////////////////////////////////////////////////
///////////////////////////////////////////////////////////////////\\
```

Volition

We did not fall because of moral error, we fell because of an intellectual error said Felicia Atkinson[7]

Volition

Wait. In each of the silences she counts backwards from one hundred. Action in suspension. One hundred tiny knots in cotton in the middle of division. The reliability of numbers descending in order as both platform and direction. Evenly sounded increments that know exactly where to go, where they are going. First from one hundred, then from fifty, then from twenty and repeatedly from nineteen for as many times as it takes for someone to speak.

\- -
\- - - - - - - - - - - - - - - - - - -- -- --- ---- ----- ------ - --

Onehundred   ninetynine   ninetyeight   ninetyseven   ninetysix ninetyfive   ninetyfour   ninetythree   ninetytwo   ninetyone ninety eightynine eightyeight eightyseven eightysix eightyfive eightyfour eightythree eightytwo eightyone eighty seventynine seventyeight seventyseven seventysix seventyfive seventyfour seventythree seventytwo seventyone seventy sixtynine sixtyeight sixtyseven sixtysix sixtyfive sixtyfour sixtythree sixtytwo sixtyone sixty fiftynine fiftyeight fiftyseven fiftysix fiftyfive fiftyfour fifitythree fiftytwo fiftyone fifty fortynine fortyeight fortyseven fortythree fortytwo fortyone forty thirtynine thirtyeight thirtyseven thirtysix thirtyfive thirtyfour thirtythree thirtytwo thirtyone thirty twentynine twentyeight twentyseven twentysix twentyfive twentyfour twentythree twentytwo twentyone twenty nineteen eighteen seventeen sixteen fifteen fourteen thirteen twelve eleven ten nine eight seven six five four three two one zero \- -
\- -
\- - - - - - -- - ---- ------ ----- -- --------- -

- pierce   tiny   holes   in   this   page   ,
     finest   needle pulling   thread ,   the puncture   of
pushing through   ,   resistant   fibre ,   the
     entry   points ,   the   point of exit , the   mess
of miniature   tugging   and   catching
     in   the   eye   .   Hear   the   tiny
piercing,   skim   through   perimeter   ,
    the risk of   tearing and   the   will to do   so
    .   to tear.   Index   of   compression   .
Force   of forward.   Sequence   of   repetition .

.   .

-     Today
- -   Yesterday
- - -   The day before
- - - - The day before before
- - - - -
- - - - - -

Silence is a lie crowded with numbers. -
Faster than sound. Faster than forwards. - -
Speed trips up and all the tiny bones of being burst - - -
disperse - untenable quiet.

N

W   E

S

The mathematics of volition.

➤ n

e

n

S

E

s

e

s

e

w

s

e

w

n

➤ w

[

                              sway

                                                            ]

Galaxy of backwards counting. Count me in the silence. Count me
in.

                                                            .

8. Thou shalt not
7. Thou shalt not
6. Thou shalt not

                                        5. Do something
                                        6. Do something
                                        7. Do something
                                        8. Do something

[

                              sway

                                                            ]

Sway

Summer: The heat, the heat the heat!
my head my head my head my head my head my head

Sway

Her hands don't press well together in prayer. Instead she relies on the friction of walls. Flesh in supported slide. Sideways, the horizontal line holding. It is the pressure that holds you in the distance. Press. It's a mess, take shape of the white scuffed surface and slip as you walk over it. Where are the walls in this wandering?

Winter: Her hands, her hands her hands.

Summer: I am sidetracked by the giving up of his body and his blood. I am sidetracked by the sign of the cross. I am sidetracked by a new language. I am sidetracked by song. I have hung the red thread she has wrapped around stones and tucked into tiny glass jars. But I am sidetracked by the cutting off. I strain to hear the acclamation. First reading. Second reading. What here have we salvaged?

Winter: There are six not four seasons and it is the first year you have noticed the miracle of a tree with no leaves, sticks for branches, so deeply alive in its loss. White feathers are falling. This is living in sixes, living in seasons.

Six   five   four   three   two   one

Sway

We need a break. Interval. Pause. We need a bridge a lake a fire a cause. We need a victim a hero a saviour a sacrament we need a document a deal a death a back up a wall. We need a layer of life under this one. We need nothing. We need a new hymn and we need people to actually fucking sing.

Sway

I vow. I vow. I vow. I vow. Falling off the end of a life is further than falling. Fugue. The distance a repetition that splinters and tricks, the end the end the end the end. No erasure. No integration. Slow process palimpsest. No white wash. Hiding as measuring. The distance of each life disallowed in successful unseeing.

Dance dancer dance.

Sway

How long is the life of a movement?
How many seconds, minutes, years. First movement. Third.

Dance dancer dance.

Hymn:

The low of her shoulders pushed to retract the mess of me, and in a moment of undeciding I let it spill and soon enough her scapulae widened and there was space to swallow differently. Clothes remain. Wax dissolving into table and doors open to a sink half full with unfinished. The sounds of a city surrounding the container of thinking of waiting, the anticipation of experience and pre slipping in this meeting outside of history. Immediacy of ink. Wet. Immediacy of print. Prayer.

She saw
me.

Sway

Purposefully delay direction by transferring the decision from one foot to the other. This way, you keep moving. This way, you get some where. This way, you can see where you've been. This way, there is perpetual change. Prevention of falling. This way, you are met by deciding.

Step

Step

Step

Step

8. Do something
7. Do something
6. Do something
5. Do something

4. Thou shalt
3. Thou shalt
2. Thou shalt
1. Thou shalt

[

rest

]

[

]

> **Interval** <

[

Heart rate: 90 bpm   P duration: 96 ms
PR interval: 138 ms   QRS Duration: 86 ms
QT Interval: 378 ms   284 Prolonged QT Interval

Low blood pressure.
Body of speed and delay.
Interpretation (unconfirmed).

]

> this book has elbows <

VVV^VV^^^^^^V^^^^^^^^^^VV^^^^^^^V^^^^^^^^^^VVV^^^^^^V^^^^^^
^V^^^^^^^V^^^^Vv^^^^^^^^^^V^^^V^V^VV^^^^^V^^^^^^^^VVV^^^^^^^V
V^^^^^^^^^^VVVV^^^^^V^^^^^^^^^^^^^^^^^^VVVV^^^^^^^^^V^^^^^^^^^^
^^V^^^^^^^^V^^^^^^^^^^^^VV^^^^^^^^^VVVV^^^^^^VVv^^^^^^^VVV^^^
^^^Vvv^^^^^^^^vv^^^^^^^^^^V^V^^^^^^^^^^v^^^^^^^v^^^^v^^^^v^^^^^^^v
^^^^v^^^^^VVVVvvvv^^^^^^^^^VV^^^^^^^Vvv^^^^^^^^^^^^^^^^^^vv^^^^^
^v^^^^V^^^^^^^^^^^^VV^^^^^^^^^^VVVV^^^^^^^^V^^^^^^^^vv^^^^^^
^^^vvV^^^^^^^^^^Vv^^^^^^^^^^vvvVV^^^^^^^VvvV^^^^^^^^^^Vv^v^
V^^^^^^^^V^vv^V^v^^^^^^^^^VV^^^^^^^^^^^^^^^^^^^^^V^^^^^^^V^^^^^
^^^^^^^^^^^V^^^^^^^^^^^^^^^^^^VVV^^^^^^^^^^^^^^^^^^^^^VVVV^^
^^^^^^^^^^Vvvv^^^^^^^v^v^vv^v^v^vVV^^^^^^^VV^^^^v^^^^^^^^^
^^^^^^^^^^^^^^VVvvV^v^^^^^^^^^^v^v^^^^^^^^^^^^^^v^v^v^v^v^^^^^
^^^^^VV^^^^^^^^^^^VVVV^^^^^^^^^^^^v^v^v^V^^^^^^^VVV^^^^V^v^v^
v^^^^^^^^^^^^^^^^^^^^^^^^^^VV^^^^v^v^v^v^Vv^^^^^VV^^^^^^^^v^v^
v^v^v^^^^^^^^V^^^^^^^^^vV^^^^^^^V^^^^^^^^^^VV^^^^^^^^^^^^^^^^
^VV^vVvVV^^^^^^V^^^^^^^^^VV^^^^^^^V^^^^^^^^^VVV^^^^^^^V^^^^
^^^^V^^^^^^V^^^^Vv^^^^^^^^^V^^^^^^^^^V^^^^^^^^^VVV^^^^^^^VV^^^
^^^^^^VVVV^^^^^V^^^^^^^^^^^^^VVVV^^^^^^^V^^^^^^^^^^^^^V^
^^^^^^^V^^^^^^^^^^VV^^^^^^^^VVVV^^^^VVv^^^^^^^VVV^^^^^V
vv^^^^^^^vv^^^^^^^^^VV^^^^^^^^v^^^^^^^v^^^^v^^^^v^^^^^^v^^^^v
^^^^^VVV^Vvvvv^^^^^^^^VV^^^^^^^Vvv^^^^^^^^^^^^^^^vv^^^^^^v^^
^^V^^^^^^^^^^^^VV^^^^^^^^^^VVVV^^^^^^^^V^^^^^^^^vv^^^^^^^^^^v
vV^^^^^^^^^^Vv^^^^^^^^^^vvvVV^^^^^^^VvvV^^^^^^^^^^Vv^v^V^^
^^^^^V^vv^V^v^^^^^^^^^VV^^^^^^^^^^^^^^^^^^^^^V^^^^^^^V^^^^^^^^
^^^^^^^^^V^^^^^^^^^^^^^^^^VVV^^^^^^^^^^^^^^^^^^^VVVV^^^^^
^^^^^^^Vvvv^^^^^^^^^v^v^vv^v^v^vVV^^^v^v^v^v^^^^^^^^^^^^VV^^^
^^^^^^^VVVV^^^^^^^^^^^^v^v^v^V^^^^^VVV^^^^V^v^v^v^^^^^^^^^
^^^^^^^^^^^^^^^VV^^^^v^v^v^v^Vv^^^^VV^^^^^^^^v^v^v^v^v^^^^
^^^V^^^^^^^^^vV^^^^^^V^^^^^^^^^^VV^^^^^^^^^^^^^^^^^VV^vVvV
V^^^^^^V^^^^^^^^^^VV^^^^^^^V^^^^^^^^^VVV^^^^^^V^^^^^^^^V^^^^
^V^^^^Vv^^^^^^^^^V^^^vv^^^^^^v^^^^V^^^^^^^^^^^^VV^^^^^^^^^^^

^^^^^^^VvvV^^^^^^^^^^Vv^v^V^^^^^^^V^vv^V^v^^^^^^^^^VV^^^^^^^
^^^^^^^^^^^^^^V^^^^^^^V^^^^>>>>>>>>>>>>>>>>>>>>>>>>>>>
>>>
>>>
>>>
>>>
>>>
>>>
>>>
>>>
>>>
>>>
>>>
>>>
>>>
>>>
>>>
>>>
>>>
>>>
>>>
>>>
>>>
>>>
>>>
>>>

>>>>>>>>>>>>>>><<<<<<<<<<<<<<<<<<<<<<<<<<<<<<<<
<<<<<<<<<<<<<<<<<<<<<<<<<<<<<<<<<<<<<<<<<<<<<<<<
<<<<<<<<<<<<<<<<<<<<<<<<<<<<<<<<<<<<<<<<<<<<<<<<
<<<<<<<<<<<<<<<<<<<<<<<<<<<<<<<<<<<<<<<<<<<<<<<<
<<<<<<<<<<<<<<<<<<<<<<<<<<<<<<<<<<<<<<<<<<<<<<<<
<<<<<<<<<<<<<<<<<<<<<<<<<<<<<<<<<<<<<<<<<<<<<<<<
<<<<<<<<<<<<<<<<<<<<<<<<<<<<<<<<<<<<<<<<<<<<<<<<
<<<<<<<<<<<<<<<<<<<<<<<<<<<<<<<<<<<<<<<<<<<<<<<<
<<<<<<<<<<<<<<<<<<<<<<<<<<<<<<<<<<<<<<<<<<<<<<<<
<<<<<<<<<<<<<<<<<<<<<<<<<<<<<<<<<<<<<<<<<<<<<<<<
<<<<<<<<<<<<<<<<<<<<<<<<<<<<<<<<<<<<<<<<<<<<<<<<
<<<<<<<<<<<<<<<<<<<<<<<<<<<<<<<<<<<<<<<<<<<<<<<<
<<<<<<<<<<<<<<<<<<<<<<<<<<<<<<<<<<<<<<<<<<<<<<<<
<<<<<<<<<<<<<<<<<<<<<<<<<<<<<<<<<<<<<<<<<<<<<<<<
<<<<<<<<<<<<<<<<<<<<<<<<<<<<<<<<<<<<<<<<<<<<<<<<
<<<<<<<<<<<<<<<<<<<<<<<<<<<<<<<<<<<<<<<<<<<<<<<<
<<<<<<<<<<<<<<<<<<<<<<<<<<<<<<<<<<<<<<<<<<<<<<<<
<<<<<<<<<<<<<<<<<<<<<<<<<<<<<<<<<<<<<<<<<<<<<<<<
<<<<<<<<<<<<<<<<<<<<<<<<<<<<<<<<<<<<<<<<<<<<<<<<
<<<<<<<<<<<<<<<<<<<<<<<<<<<<<<<<<<<<<<<<<<<<<<<<
<<<<<<<<<<<<<<<<<<<<<<<<<<<<<<<<<<<<<<<<<<<<<<<<
<<<<<<<<<<<<<<<<<<<<<<<<<<<<<<<<<<<<<<<<<<<<<<<<
<<<<<<<<<<<<<<<<<<<<<<<<<<<<<<<<<<<<<<<<<<<<<<<<
<<<<<<<<<<<<<<<<<<<<<<<<<<<<<<<<<<<<<<<<<<<<<<<<
<<<<<<<<<<<<<<<<<<<<<<<<<<<<<<<<<<<<<<<<<<<<<<<<
<<<<<<<<<<<<<<<<<<<<<<<<<<<<<<<<<<<<<<<<<<<<<<<<
<<<<<<<<<<<<<<<<<<<<<<<<<<<<<<<<<<<<<<<<<<<<<<<<
<<<<<<<<<<<<<<<<<<<<<<<<<<<<<<<<<<<<<<<<<<<<<<<<
<<<<<<<<<<<<<<<<<<<<<<<<<<<<<<<<<<<<<<<<<<<<<<<<

<<<<<<<<<<<<<<<<<<<<<<<<<<<<<<<<<<<<<<<<<<<<<<<<<< turn turn
turn turn turn turn turn turn turn turn turn turn turn turn turn
turn turn turn turn turn turn turn turn turn turn turn turn turn
turn turn turn turn turn turn turn turn turn turn turn turn turn
turn turn turn turn turn turn turn turn turn turn turn turn turn
turn turn turn turn turn turn turn turn turn turn turn turn turn
turn turn turn turn turn turn turn turn turn turn turn turn turn
turn turn turn turn turn turn turn turn turn turn turn turn turn
turn turn turn turn turn turn turn turn turn turn turn turn turn
turn turn turn turn turn turn turn turn turn turn turn turn turn
turn turn turn turn turn turn turn turn turn turn turn turn turn
turn turn turn turn turn turn turn turn turn turn turn turn turn
turn turn turn turn turn turn turn turn turn turn turn turn turn
turn turn turn turn turn turn turn turn turn turn turn turn turn
turn turn turn turn turn turn turn turn turn turn turn turn turn
turn turn turn turn turn turn turn turn turn turn turn turn turn
turn turn turn turn turn turn turn turn turn turn turn turn turn
turn turn turn turn turn turn turn turn turn turn turn turn turn
turn turn turn turn turn turn turn turn turn turn turn turn turn
turn turn turn turn turn turn turn turn turn turn turn turn turn
turn turn turn turn turn turn turn turn turn turn turn turn turn
turn turn turn turn turn turn turn turn turn turn turn turn turn
turn turn turn turn turn turn turn turn turn turn turn turn turn
turn turn turn turn turn turn turn turn turn turn turn turn turn
turn turn turn turn turn turn turn turn turn turn turn turn turn
turn turn turn turn turn turn turn turn turn turn turn turn turn
turn turn turn turn turn turn turn turn turn turn turn turn turn
turn turn turn turn turn turn turn turn turn turn turn turn turn
turn turn turn turn turn turn turn turn turn turn turn turn turn
turn turn turn turn turn turn turn turn turn turn turn turn turn
turn turn turn turn turn turn turn turn turn turn turn turn turn

turn turn turn turn turn turn turn turn turn turn turn turn turn turn

turn turn turn turn turn turn turn turn turn turn turn turn turn turn

turn turn turn turn turn turn turn turn turn turn turn turn turn turn

turn turn turn turn turn turn turn turn turn turn turn turn turn turn

turn turn turn turn turn turn turn turn turn turn turn turn turn turn

turn turn turn turn turn turn turn turn turn turn turn turn turn turn

turn turn turn turn turn turn turn turn turn turn turn turn turn turn

turn turn turn turn turn turn turn turn turn turn turn turn turn turn

turn turn turn turn turn turn turn turn turn turn turn turn turn turn turn

turn turn turn turn turn turn turn turn turn turn turn turn turn turn

turn turn turn turn turn turn turn turn turn turn turn   turn   turn

turn turn turn turn turn turn turn turn turn turn turn turn turn   turn

turn turn turn turn turn turn turn turn turn turn turn   turn   turn   turn

turn turn turn turn turn turn turn turn turn   turn turn turn turn

turn turn turn turn turn turn turn turn turn turn turn turn   turn   tu

turn turn turn turn turn turn turn turn turn turn turn turn   turn turn

turn turn turn turn turn turn turn turn turn turn   turn   turn   tur

turn turn turn turn turn turn turn turn turn turn turn turn turn turn   turn

turn turn turn turn turn turn turn turn turn turn turn turn turn   turn

turn turn turn turn turn turn turn turn turn turn   turn turn turn

turn turn turn turn turn turn turn turn turn turn turn turn   turn   turn

turn turn turn turn turn turn turn turn turn turn turn turn turn turn   turn

turn turn turn turn turn turn turn turn turn turn turn   turn   turn

turn turn turn turn turn turn turn turn turn turn turn turn turn turn

turn turn turn turn turn turn turn turn turn turn turn turn turn   turn

turn turn turn turn turn turn turn turn turn turn turn turn turn turn

turn turn turn turn turn turn turn turn turn turn turn turn turn turn

turn turn turn turn turn turn turn turn turn turn turn turn turn turn

turn turn turn turn turn turn turn turn turn turn turn turn turn turn

turn turn turn turn turn turn turn turn turn turn turn turn turn turn

turn turn turn turn turn turn turn turn turn turn turn turn turn turn

turn turn turn turn turn turn turn turn turn turn turn turn turn turn

turn turn turn turn turn turn turn turn turn turn turn turn turn turn

turn nrut nrut nrut nrut nrut nrut nrut nrut nrut nrut nrut nrut nrut

nrut nrut nrut nrut nrut nrut nrut nrut nrut nrut nrut nrut nrut nrut

nrut nrut nrut nrut nrut nrut nrut nrut nrut nrut nrut nrut nrut nrut

nrut nrut nrut nrut nrut nrut nrut nrut nrut nrut nrut nrut nrut nrut

nrut nrut nrut nrut nrut nrut nrut nrut nrut nrut nrut nrut nrut nrut

nrut nrut nrut nrut nrut nrut nrut nrut nrut nrut nrut nrut nrut nrut

nrut   nrut nrut nrut nrut nrut nrut nrut nrut nrut nrut nrut nrut

nrut nrut nrut nrut nrut nrut nrut nrut nrut nrut nrut nrut nrut nrut

rut nrut nrut nrut nrut   nrut nrut nrut nrut nrut nrut nrut nrut nrut nrut

t   nrut nrut   nrut nrut nrut nrut nrut nrut nrut nrut nrut nrut nrut

nrut   nrut nrut nrut nrut nrut nrut nrut nrut nrut nrut nrut

nrut nrut nrut   nrut nrut nrut nrut nrut nrut nrut nrut nrut nrut

nrut nrut nrut nrut nrut nrut nrut   nrut nrut nrut nrut nrut nrut nrut

nrut   nrut   nrut nrut   nrut nrut nrut nrut nrut nrut nrut nrut nrut

nrut   nrut nrut nrut   nrut nrut nrut nrut nrut nrut nrut nrut nrut

nrut nrut nrut nrut nrut nrut nrut nrut nrut nrut nrut nrut nrut nrut

ut nrut   nrut nrut   nrut nrut nrut nrut nrut nrut nrut nrut

nrut nrut nrut nrut nrut nrut nrut nrut nrut nrut nrut nrut nrut nrut

nrut   nrut nrut nrut nrut nrut nrut nrut nrut nrut nrut nrut nrut

t   nrut nrut   nrut nrut nrut nrut nrut nrut nrut nrut nrut nrut nrut

nrut   nrut   nrut   nrut nrut nrut nrut nrut nrut nrut nrut nrut nrut

nrut nrut nrut nrut nrut nrut nrut nrut nrut nrut nrut nrut nrut nrut

nrut   nrut nrut nrut nrut nrut nrut nrut nrut nrut nrut nrut nrut

nrut nrut nrut nrut nrut nrut nrut nrut nrut nrut nrut nrut nrut nrut

nrut nrut nrut nrut nrut nrut nrut nrut nrut nrut nrut nrut nrut nrut

nrut nrut nrut nrut nrut nrut nrut nrut nrut nrut nrut nrut nrut nrut

nrut nrut nrut nrut nrut nrut nrut nrut nrut nrut nrut nrut nrut nrut

nrut nrut nrut nrut nrut nrut nrut nrut nrut nrut nrut nrut nrut nrut

nrut nrut nrut nrut nrut nrut nrut nrut nrut nrut nrut nrut nrut nrut

nrut nrut nrut nrut nrut nrut nrut nrut nrut nrut nrut nrut nrut nrut

nrut nrut nrut nrut nrut nrut nrut nrut nrut nrut nrut nrut nrut nrut

nrut nrut nrut nrut nrut nrut nrut nrut nrut nrut nrut nrut nrut nrut

nrut nrut nrut nrut nrut nrut nrut nrut nrut nrut nrut nrut nrut nrut

nrut nrut nrut nrut nrut nrut nrut nrut nrut nrut nrut nrut nrut nrut

nrut nrut nrut nrut nrut nrut nrut nrut nrut nrut nrut nrut nrut nrut

nrut nrut nrut nrut nrut nrut nrut nrut nrut nrut nrut nrut nrut nrut

nrut nrut nrut nrut nrut nrut nrut nrut nrut nrut nrut nrut nrut nrut

nrut nrut nrut nrut nrut nrut nrut nrut nrut nrut nrut nrut nrut nrut

nrut nrut nrut nrut nrut nrut nrut nrut nrut nrut nrut nrut nrut nrut

nrut nrut nrut nrut nrut nrut nrut nrut nrut nrut nrut nrut nrut nrut

nrut nrut nrut nrut nrut nrut nrut nrut nrut nrut nrut nrut nrut nrut

nrut nrut nrut nrut nrut nrut nrut nrut nrut nrut nrut nrut nrut nrut

nrut nrut nrut nrut nrut nrut nrut nrut nrut nrut nrut nrut nrut nrut

nrut nrut nrut nrut nrut nrut nrut nrut nrut nrut nrut nrut nrut nrut

nrut nrut nrut nrut nrut nrut nrut nrut nrut nrut nrut nrut nrut nrut

nrut nrut nrut nrut nrut nrut nrut nrut nrut nrut nrut nrut nrut nrut

nrut nrut nrut nrut nrut nrut nrut nrut nrut nrut nrut nrut nrut nrut

nrut nrut nrut nrut nrut nrut nrut nrut nrut nrut nrut nrut nrut nrut

nrut nrut nrut nrut nrut nrut nrut nrut nrut nrut nrut nrut nrut nrut

nrut nrut nrut nrut nrut nrut nrut nrut nrut nrut nrut nrut nrut nrut

nrut nrut nrut nrut nrut nrut nrut nrut nrut nrut nrut nrut nrut nrut

nrut nrut nrut nrut nrut nrut nrut nrut nrut nrut nrut nrut nrut nrut

nrut nrut nrut nrut nrut nrut nrut nrut nrut nrut nrut nrut nrut nrut

nrut nrut nrut nrut nrut nrut nrut nrut nrut nrut nrut nrut nrut nrut

nrut nrut nrut nrut nrut nrut nrut nrut nrut nrut nrut nrut nrut nrut

nrut nrut nrut nrut nrut nrut nrut nrut nrut nrut nrut nrut nrut nrut

nrut nrut nrut nrut nrut nrut nrut nrut nrut nrut nrut nrut nrut nrut

nrut nrut nrut nrut nrut nrut nrut nrut nrut nrut nrut nrut nrut nrut

nrut nrut nrut nrut nrut nrut nrut nrut nrut nrut nrut nrut nrut nrut

nrut nrut nrut nrut nrut nrut nrut nrut nrut nrut nrut nrut nrut nrut

nrut nrut nrut nrut nrut nrut nrut nrut nrut nrut nrut nrut nrut nrut

nrut nrut nrut nrut nrut nrut nrut nrut nrut nrut nrut nrut nrut nrut

nrut nrut nrut nrut nrut nrut nrut nrut nrut nrut nrut nrut nrut nrut

nrut nrut nrut nrut nrut nrut nrut nrut nrut nrut nrut nrut nrut nrut

n

r

u

t

n

w

r

u

t

e

n

r

u

t

n

r

w

e

u

t

Hands take t urns. Your hands your hands your hands your hands.
Tu rn. There is a Feldenkrais lesson where you brush the palm of
one hand with the fingers of the ot her, until they swap roles.
Hands take turns. < > Her hands. Your hands. < > Your spine a
ladder. Limbs of handling. Each portion a page, each word an
act ion, each cover a face, each side a best one, each fold an elbow,
each question an organ, each bend a conversatio n, each reading
a voice, each night a hearing, each cut a skeleton, each section a
swallowing v^v^vv^v^ human as a Tardis , a deliverer, a platform,
a pigeon , a polit ic, a count ry, a colour, a line , a ho use, a frame,
a port al, a d ept h, a light, an opening , an exhibition, a hiding
place, a breathing space, a safe . Heart a beat ... on the...second
handv^^^^v^^^^^wait...human as a house boat...walking under
water ... ribs ... windows ...one two ...resting rate swing...fascia ...
blood galaxy...patella lids ... time keepers...pilot eyes, receivers ,
satellites ... ...three...four...five...six...miss a beat...or count extra...
seven eight...^v^v^V^^^^^^human as a dancer... human as a second
hand wave... wave.. ...built weather bones... viens... map under
dermis...more countries than thought ...three...four...five...six...miss
a beat ...seven...eight ...human as a repetition...human ...human
as saying... human as starting again... Human as sorry...human
as remembering ...human as punct uat io n... human as a
library ...human as forgiveness... human as forgetting...human as
definition...^v^v^V^human as history...human as
coordinates...human as disclosure...human as an alphabet:
attending balancing creating departing expecting fortuning
gallivanting heartbeating imagining jetsetting keeping loving
meandering not needing observing pondering quarrelling quiver
resting suspending twirling understanding visualising whistling
xyling yodelling zephyring^^vvV^v^^vv Portrait of pressure.
Portrait of batt le. Portrait of disappointment. How many humans
have you held. How many bones how much blood how much time.

safe in your hands. she she she she she she she she she she she she
she she she she she she she she she she she she she she she she she
she she she she she she she she she she she she she she she she she
she she she she she she she she she she she she she she she she she
she she she she she she she she she she she she she she she she she
she she she she she she she she she she she she she she she she she
she she she she she she she she she she she she she she she she she
she she she she she she she she she she she she she she she she she
she she she she she she she she she she she she she she she she she
she she she she she she she she she she she she she she she she she
she she she she she she she she she she she she she she she she she
she she she she she she she she she she she she she she she she she
she she she she she she she she she she she she she she she she she
she she she she she she she she she she she she she she she she she
she she she she she she she she she she she she she she she she she
she she she she she she she she she she she she she she she she she
she she she she she she she she she she she she she she she she she
she she she she she she she she she she she she she she she she she
she she she she she she she she she she she she she she she she she
she she she she she she she she she she she she she she she she she
she she she she she she she she she she she she she she she she she
she she she she she she she she she she she she she she she she she
she she she she she she she she she she she she she she she she she
she she she she she she she she she she she she she she she she she
she she she she she she she she she she she she she she she she she
she she she she she she she she she she she she she she she she she
she she she she she she she she she she she she she she she she she
she she she she she she she she she she she she she she she she she
she she she she she she she she she she she she she she she she she
she she she she she she she she she she she she she she she she she
she she she she she she she she she she she she she she she she she
she she she she she she she she she she she she she she she she she
she she she she she she she she she she she she she she she she was

was was was was was was was was was was was was was was was was
was was was was was was was was was was was was was was was was
was was was was was was was was was was was was was was was was
was was was was was was was was was was was was was was was was
was was was was was was was was was was was was was was was was
was was was was was was was was was was was was was was was was
was was was was was was was was was was was was was was was was
was was was was was was was was was was was was was was was was
was was was was was was was was was was was was was was was was
was was was was was was was was was was was was was was was was
was was was was was was was was was was was was was was was was
was was was was was was was was was was was was was was was was
was was was was was was was was was was was was was was was was
was was was was was was was was was was was was was was was was
was was was was was was was was was was was was was was was was
was was was was was was was was was was was was was was was was
was was was was was was was was was was was was was was was was
was was was was was was was was was was was was was was was was
was was was was was was was was was was was was was was was was
was was was was was was was was was was was was was was was was
was was was was vwas was was was was was was was was was was was
was was was was was was was was was was was was was was was was
was was was was was was was was was was was was was was was was
was was was was was was was was was was was was was was was was
was was was was was was was was was was was was was was was was
was was was was was was was was was was was was was was was was
was was was was was was was was was was was was was was was was
was was was was was was was was was was was was was was was was
was was was was was was was was was was was was was was was was
was was was was was was was was was was was was was was was was
was was was was was was was was was was was was was was was was

washiddenhiddenhiddenhiddenhiddenhiddenhiddenhiddenhiddenhi
ddenhiddenhiddenhiddenhiddenhiddenhiddenhiddenhiddenhiddenh
iddenhiddenhiddenhiddenhiddenhiddenhiddenhiddenhiddenhidden
hiddenhiddenhiddenhiddenhiddenhiddenhiddenhiddenhiddenhidde
nhiddenhiddenhiddenhiddenhiddenhiddenhiddenhiddenhiddenhidd
enhiddenhiddenhiddenhiddenhiddenhiddenhiddenhiddenhiddenhid
denhiddenhiddenhiddenhiddenhiddenhiddenhiddenhiddenhiddenhi
ddenhiddenhiddenhiddenhiddenhiddenhiddenhiddenhiddenhiddenh
iddenhiddenhiddenhiddenhiddenhiddenhiddenhiddenhiddenhidden
hiddenhiddenhiddenhiddenhiddenhiddenhiddenhiddenhiddenhidde
nhiddenhiddenhiddenhiddenhiddenhiddenhiddenhiddenhiddenhidd
enhiddenhiddenhiddenhiddenhiddenhiddenhiddenhiddenhiddenhid
denhiddenhiddenhiddenhiddenhiddenhiddenhiddenhiddenhiddenhi
ddenhiddenhiddenhiddenhiddenhiddenhiddenhiddenhiddenhiddenh
iddenhiddenhiddenhiddenhiddenhiddenhiddenhiddenhiddenhidden
hiddenhiddenhiddenhiddenhiddenhiddenhiddenhiddenhiddenhidde
nhiddenhiddenhiddenhiddenhiddenhiddenhiddenhiddenhiddenhidd
enhiddenhiddenhiddenhiddenhiddenhiddenhiddenhiddenhiddenhid
denhiddenhiddenhiddenhiddenhiddenhiddenhiddenhiddenhiddenhi
ddenhiddenhiddenhiddenhiddenhiddenhiddenhiddenhiddenhiddenh
iddenhiddenhiddenhiddenhiddenhiddenhiddenhiddenhiddenhidden
hiddenhiddenhiddenhiddenhiddenhiddenhiddenhiddenhiddenhidde
nhiddenhiddenhiddenhiddenhiddenhiddenhiddenhiddenhiddenhidd
enhiddenhiddenhiddenhiddenhiddenhiddenhiddenhiddenhiddenhid
denhiddenhiddenhiddenhiddenhiddenhiddenhiddenhiddenhiddenhi
ddenhiddenhiddenhiddenhiddenhiddenhiddenhiddenhiddenhiddenh
iddenhiddenhiddenhiddenhiddenhiddenhiddenhiddenhiddenhidden
hiddenhiddenhiddenhiddenhiddenhiddenhiddenhiddenhiddenhidde
nhiddenhiddenhiddenhiddenhiddenhiddenhiddenhiddenhiddenhidd
enhiddenhiddenhiddenhiddenhiddenhiddenhiddenhiddenhiddenhid
denhiddenhiddenintointointointointointointointointointointo
intointointointointointointointointointointointointointointoin

tointointointointointointointointointointointointointointointointo
intointointointointointointointointointointointointointointointoin
tointointointointointointointointointointointointointointointointo
intointointointointointointointointointointointointointointointoin
tointointointointointointointointointointointointointointointointo
intointointointointointointointointointointointointointointointoin
tointointointointointointointointointointointointointointointointo
intointointointointointointointointointointointointointointointoin
tointointointointointointointointointointointointointointointointo
intointointointointointointointointointointointointointointointoin
tointointointointointointointointointointointointointointointointo
intointointointointointointointointointointointointointointointoin
tointointointointointointointointointointointointointointointointo
intointointointointointointointointointointointointointointointoin
tointointointointointointointointointointointointointointointointo
intointointointointointointointointointointointointointointointoin
tointointointointointointointointointointointointointointointointo
intointointointointointointointointointointointointointointointoin
tointointointointointointointointointointointointointointointointo
intointointointointointointointointointointointointointointointoin
tointointointointointointointointointointointointointointointointo
intointointointointointointointointointointointointointointointoin
tointointointointointointointointointointointointointointointointo
intointointointointointointointointointointointointointointointoin
tointointointointointointointointointointointointointointointointo
intointointointointointointointointointointointointointointointoin
tointointointointointointointointointointointointointointointointo
intointointointointointointointointointointointointointointointoin
tointointointointointointointointointointointointointointointointo
intointointointointointointointointointointointointointointowritin
gwritingwritingwritingwritingwritingwritingwritingwritingwritingw
ritingwritingwritingwritingwritingwritingwritingwritingwritingwritin

gwritingwritingwritingwritingwritingwritingwritingwritingwritingw
ritingwritingwritingwritingwritingwritingwritingwritingwritingwritin
gwritingwritingwritingwritingwritingwritingwritingwritingwritingw
ritingwritingwritingwritingwritingwritingwritingwritingwritingwritin
gwritingwritingwritingwritingwritingwritingwritingwritingwritingw
ritingwritingwritingwritingwritingwritingwritingwritingwritingwritin
gwritingwritingwritingwritingwritingwritingwritingwritingwritingw
ritingwritingwritingwritingwritingwritingwritingwritingwritingwritin
gwritingwritingwritingwritingwritingwritingwritingwritingwritingw
ritingwritingwritingwritingwritingwritingwritingwritingwritingwritin
gwritingwritingwritingwritingwritingwritingwritingwritingwritingw
ritingwritingwritingwritingwritingwritingwritingwritingwritingwritin
gwritingwritingwritingwritingwritingwritingwritingwritingwritingw
ritingwritingwritingwritingwritingwritingwritingwritingwritingwritin
gwritingwritingwritingwritingwritingwritingwritingwritingwritingw
ritingwritingwritingwritingwritingwritingwritingwritingwritingwritin
gwritingwritingwritingwritingwritingwritingwritingwritingwritingw
ritingwritingwritingwritingwritingwritingwritingwritingwritingwritin
gwritingwritingwritingwritingwritingwritingwritingwritingwritingw
ritingwritingwritingwritingwritingwritingwritingwritingwritingwritin
gwritingwritingwritingwritingwritingwritingwritingwritingwritingw
ritingwritingwritingwritingwritingwritingwritingwritingwritingwritin
gwritingwritingwritingwritingwritingwritingwritingwritingwritingw
ritingwritingwritingwritingwritingwritingwritingwritingwritingwritin
gwritingwritingwritingwritingwritingwritingwritingwritingwritingw
ritingwritingwritingwritingwritingwritingwritingwritingwritingwritin
gwritingwritingwritingwritingwritingwritingwritingwritingwritingw
ritingwritingwritingwritingwritingwritingwritingwritingwritingwritin

gwritingwritingwritingwritingwritingwritingwritingwritingwritingw
ritingwritingwritingwritingwritingwritingwritingwritingwritingwritin
gwritingwritingwritingwritingwritingwritingwritingwritingwritingw
ritingwritingwritingwritingwritingwritingwritingwritingwritingwritin
gwritingwritingwritingwritingwritingwritingwritingwritingwritingw
ritingwritingwritingwritingwritingwritingwritingwritingwritingwritin
gwritingwritingwritingwritingwritingwritingwritingwritingwritingw
ritingwritingwritingwritingwritingwritingwritingwritingwritingwritin
gwritingwritingwritingwritingwritingwritingwritingwritingwritingw
ritingwritingwritingwritingwritingwritingwritingwritingwritingwritin
gwritingwritingwritingwritingwritingwritingwritingwritingwritingw
ritingwritingwritingwritingwritingwritingwritingwritingwritingwritin
gwritingwritingwritingwritingwritingwritingwritingwritingwritingw
ritingwritingwritingwritingwritingwritingwritingwritingwritingwritin
gwritingwritingwritingwritingwritingwritingwritingwritingwritingw
ritingwritingwritingwritingwritingwritingwritingwritingwritingwritin
gwritingwritingwritingwritingwritingwritingwritingwritingwritingw
ritingwritingwritingwritingwritingwritingwritingwritingwritingwritin
gwritingwritingwritingwritingwritingwritingwritingwritingwritingw
ritingwritingwritingwritingwritingwritingwritingwritingwritingwritin
gwritingwritingwritingwritingwritingwritingwritingwritingwritingw
ritingwritingwritingwritingwritingwritingwritingwritingwritingwritin
gwriting~~w r i t t e n o u t o f h i d i n g~~
^^^^^^^^^^^^^^^^^^^^^^^^^^^V^^^^^^^V^^^^^^^^^^^^^^^^^^V^^^^^^^^^^^^^
^^^VVV^^^^^^^^^^^^^^^^^^^^^^VVVV^^^^^^^^^^^Vvvv^^^^^^v^v^v
v^v^v^v^vVV^^^^v^v^v^v^v^^^^^^^^^^^^^^VV^^^^^^^^^VVV^^^^^^^^^^^^
v^v^v^v^V^^^^^^VVV^^^^V^v^v^v^v^^^^^^^^^^^^^^^^^^^^^^

return >>>>>>>]

Runway

There were multiple retrievals. Her legs refused to count the steps of the driveway as was her practice. Instead there was a horizontal sweep and the sound of wheels far too small for the job. Plastic washing basket, both handles intact, now not. Seventeen loads of her library. Increments pushed between houses. Marcation line. Empty bookshelf down the stairs she did count, shelves on her back, the counterforce of leaning together with the angle of the stairs made it possible to carry what should've been not possible to carry. The basket holds wet washing now and the soft collapse of that piling allows less space for the light to get through. The corners of each book jutted and interleaved with the next, the soft covers bending in their overtake, the hard ones pushing back. But everywhere, through the white grate plastic holes there were pockets of light. And mid winter, there was sun and the rotating squeak of repeat. Around and around and around and again tiny tiny wheels turn. The same jeans and jumper worn for three days, she looked like her father, slimmer and without a wheelbarrow. The central motion of the wash trolley was weighted and even on the ground. Stable. She held onto it. She held onto it. Transferring from one foot to the other. Step. Wild flash of her dolls in the wicker version thirty years earlier saw her nod under the sweat. Sway.

Runway

e
v
e
r
y
s
t
e
p

sounded wheeling of books in white basket

–

–

–

–

Go back. Stay. Glue the pages together. I can't remember what I am going to right. Turn back. There is only a timeline of events ahead in descending order. Catalogue of walking backwards. Catalogue of years backwards. Index of what I wasn't going to say. I wanted to stay. There are scales. Metronome. Balance. Both.

Runway

Move left, move west. West is not left where I am standing. This compass is not true. This compass is liquid. I am untrusting of its memory and its due.

Runway

There is a torrent of rain that runs away for days in a failure to shine. The sun is a failure to shine. The rain is a failure to dry. The dry is a failure to grow. The growth is a failure to regime. The regime is a failure to grow.

Where have all the flowers gone?[8] Written before her.

Dance dancer dancer

Runway

Duel

Her days were in the detail, in division, in the script of proof of self. In the holding of her tongue. Money handed back. A duet withdrawn. A failure to dance. A dancer undancing. Money borrowed. Walls built. A house in removal. Re moving. Turning. Each comma a turn each turn an elbow each elbow a doing each doing a dance. The house is moving.

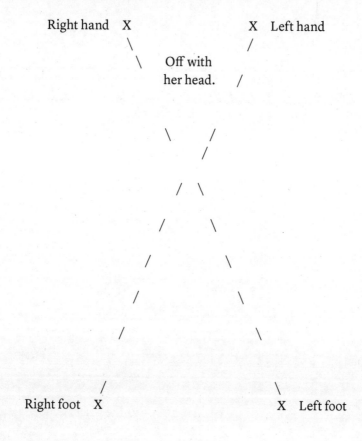

It has been three years since I woke in my childhood bed after sleeping for twelve hours to the news that made driving calmly into a tree a logical response. It has been three years since disclosure. Since the dancer spoke. Since the dancer turned.

Duel

The cost of a choice not to restore.

Duel

There is a peculiar careering inside the mantra I don't know / I don't know / I don't know. Up to the lights again. Through the red, sideswiped and under the frame of the driver's window, glass in her hair. A helicopter flight carried the shards pressed into her shoulder, her wrist, she carried the turn. Was carried. The bend. The corner. The overturn in her body for years. Until every successful round in a road was a steal and a lean into anticipated crash. She was an expert at the practice of anticipating crashing.

(count me in) five, six, seven, eight

On a TV talk show long since left the air like the channels that held it up, the host Rove asked 'Who would you turn gay for?'.[9] Going going gone. Worth a twenty dollar note. There is no waiting to watch now. No interval between suspension. There is perpetual fast forward and the splicing of time into house-sized portions. The only thing you can't speed up is the sport.

'How does the weather know to change the temperature from summer to winter' my daughter asks.

The weather forgets darling.

Equation of anticipation.
Always before, always about to, always in, always on your way out.
Take back the story she says.
I am not yours.
I am yours.
I am not.
Guilty before even begun. Guilty as fuck
Thinking as guilty. Guilty as guilty

                                                                        Duel

Anger.   Auto correct danger   to anger   to dancer.

Dance dancer dance.

                                                                        Duel

My hamstrings hurt and I am scared she has seen all the places I want
to go before I can get there. That I will always be running and she will
always be there. I want you to always be there. and I want to be there.
First. Running and driving running and driving.
I want to fight but not   you
                                with

        The spare of your discipline was never my nature.

                                                                        Duel

Placelessness, dancelessness.

She was in the middle of living when it became untenable. I didn't
expect her. I was not ready. What ensued was an implosion of
fields. Undoing of tropes. Deals. Returns. And the relentless crack
of fracture. She is charged with Intent to Pull. And my teeth are
faultlined with foreseeable damage.

Orders and consent.   Subtraction.
Forms to breathing.   Catalogue and calculation.
Breathing refusing   to consent.

        %   %

Writ.
Deponent.
Justice of peacelessness.

                                                        Duel
Subtraction does not weigh less. It weighs more. Costs more.

The mathematics of moving.
The mathematics of removing myself.

I turn down the volume of each of the extra five beats and hang them
from the arch of the Sydney harbour bridge, silver ballbearings in
inconsistent motion. Before the interval. In the speedy crash of the
end of the first life. She was going to end at thirty seven. She did. end.
Glass still in her hair.

How to reconcile the life you want with the life you want.
How to reconcile the life you want and the life you want.
The life you want/the life you want:
/+/=:
///
+++
///
==
::

Charge

They are burning the edges of the city so the buidings don't catch fire. The smoke tells us it's safe. Even though we can't see. I can hate myself well in this haze. The dissipation of edges erasing ownership. Easing ownership. There is nothing to own. No property. No split. No responsibility. No bearing. No breathing. Black buttons like Miss Mary Mack, except no clapping, and no back. Out ribs unfolding, smudging so that I can't tell the edge of me from the edge of the chair, from the edge of being, from the edge of feeling. Spilt. And I am not practiced at meditation. As so she became. Becomes. Both. Fire and meditation. Burn. Burn. Burn. Burn. Burn. Burn. Burn. Burn. Burn. Burn. Burn. Burn. Burn. Burn. Burn. Burn. Burn.

Instructions for burning: keep the burn under running water, do not submerge into unmoving water. Keep running. Pain is evidence of liveness. The degree of burn is relative to the degree of pain in reverse, worse when there is no presence of feeling. These are degrees of burning. The sign of fire the sign of alive sign of running. Running and driving. Running and driving. Headlong.

Degrees of feeling.

Charge

She: what do you hear

She: tidal wave

three two one two three

n

    E

                w   S

If she keeps typing it could become crying. Typing as crying. Typing as crying.

Charge

North ^
This is not the direction I wheeled the pages. Though my sense of direction is unreliable. The repetition of books transferred re-ordered at random depending on the heap of retrieval. The order of export. The order of arrival. The order of exhaustion.

South v
From here far from the shell and shape of that first year, I can hardly remember. The other end of the driveway. The truth of concrete, the prevail of trees. It was more than 380 km from Perth where the tree fell on the man, stranger, fallen, his sister called me and in the confusion the world   f e l l all of the trees around him   all of the trees fallen flat silent wave of domino trunks   all of them resting beside

Charge

I move things.
This is the word of the removalist.

Lift her up
We lift her up to the

do something
do something
do something
do something

move she to we . . . . move we to see . . . . move see to sorry . . . . move sorry to trial. . . . . . . move trial to verdict . . . . move verdict to guilty . . . . move guilty to she . . . . take we to trial . . . . take trial to sorry . . . . take sorry to she . . . . . take she to trial . . .take trial to verdict . . . . . take verdict to see . . . . . . take see to guilty . . . . replace see with trial . . . . . . replace trial with we . . . . . . replace we with she . . . . replace she with guilty . . . . erase she from see . . . . erase see from verdict . . . . erase verdict from guilty . . . . erase guilty from we . . . .
. . . .
. . . .
. . . .
. . . .
. . . .
. . . .
. . . .
. . . .
. . . .
. . . .
. . . .
. . . .
. . . .
. . . .
. . . .
. . . .
. . . .
. . . .
. . . .
. . . .
. . . .
. . . .
. . . . stay

here longer than you can. Stay. End it here. Part the world. Rest in the middle. Don't go anywhere. Go everywhere. Stay in the part. Read this list aloud. Try it. Stay. Stay longer than you can. Stay. Stand. Step back. Step up. Stand. Stay. Wait. Open. Stay. Wait. Step in. Wait. Pause. Wait. Stay. Pause. Stay. Press. Wait. Pause. Stay.

Press. Release. Wait. Gaze.   Hold.   Step in.
Press.   Breathe.   Stay.   Lean.
        Retreat.   Whip   ....
                        ....   Catch...........
.... Press......
.......Dissolve. Fall.   Stay.   Press.   Be
pressed.   Wait.   Expect.
        Counter.   Push.   Press.
        Pull.   Grasp.   Soften........Gasp.
Release.   Open.   Fall. Press.   Stay.
        Stay.   Stay. Stay...........................

....
....
....
....
....
....
....
....
....
....
....
....
....
....
....
....
....

Lean

v – v

There is a house we were both inside. We built it. | < > |

I had to leave the house but stayed at the edge | < | >

Turning toward and away | < | > |< | < |< | > | < | < | < | >

Then you left. And we were both standing on either side of the house
< | | >

And the house fell <_>

We stood upon what we'd built <u><></u>

It disappeared. Backs turned >   <

Turn

(back)

Over

greater than less than greater than less than less than greater than

  Lean

                                    From this angle
                                        I cut the air
                                    From this angle
                                        I cut teeth
                                    From this angle
                                    I can cut mountains
                                    From this angle
                                            I grind

Take your turn out.
One to think, one to spin.

She walks with her eyes closed, counting

                                                    Lean

The alphabet without arrangement is a contemporary phrase, pluck
the way out of order. And move the pieces to make new words, new
moves.
                                                    Lean
This is an abstraction of a decision made. Come with me.

Winter: It is not as definable as you want it to be

The lights fade at this point and the person next to you is in your dark

Rest your elbows on either side of the book and clasp your hands.
Rest your chin on your hands.
Wait.

                                                              Lean

Spine opening

There is not a move you could make that would not move me
I've said that before
I've said I've said that before before
There is not a move you could make that would not move me

                                                              Lean

The sound of her sharpening pencils. Durational drawing. Catching
all of the words you can, catching all of the words you can't.
Document drawn from erasure. New orders of words, new placement
of space. She writes backwards. Each mark made a curl protesting the
turn of her neck, the strain of repetition in her hand. The recording
of experience that they both own. Dual citizenship of ideas. / \We
forgot to photograph the numbers on the front doors of all the ways
we entered. Court. I muddy my red, she said.

                                                              Lean

She says   Do something:

I throw a shuffled rubix cube to my eleven year old son and watch

him solve it at speed;

He asks me if

When a fly flew into the fridge

Would it die in there

I said likely the freezer

When he asked if we could try it

I said no

That would be cruel

But I am curious about it too

And then on thinking

About cruel

Is it not to poison a spin to death

Is it less to thwack tiny bodies to ever still

I am curious too

stunned

fragile wings glass windows

Would it be snap frozen

Would it be alive or dead   stunned.

What is the time it takes to freeze?

Nerve

shake comma unstill the contents comma unstill the pieces comma invite them comma tiny dots comma without focus unreadable tiny dots that no evasion can unsee comma like weather comma tiny dots with their own purpose already begin comma already waiting into being already into comma dots that came into being into before I could read them comma dots to reveal comma to say comma to decide comma like flags comma flags of resistance comma this is the resistance comma purposeful unseeing comma personal delay comma purposeful blur comma split comma all thoughts comma into parts comma parts for thinking comma parts of thinking separately comma separated states and ethics of visibility

Nerve

incremental   separation   incremental   sabotage   incremental
separation   incremental   sabotage   incremental   separation
incremental   sabotage   incremental   separation   incremental
sabotage   incremental   separation   incremental   sabotage
incremental   separation   incremental   sabotage   incremental
separation   incremental   sabotage   incremental   separation
incremental   sabotage   incremental   separation   incremental
sabotage   incremental   separation   incremental   sabotage
incremental   separation   incremental   sabotage   incremental
separation   incremental   sabotage   incremental   separation
incremental   sabotage   incremental   separation   incremental
sabotage   incremental   separation   incremental   sabotage
incremental   separation   incremental   sabotage   incremental
separation   incremental   sabotage   incremental   separation
incremental   sabotage   incremental   separation   incremental
sabotage   incremental   separation   incremental   sabotage
incremental   separation   incremental   sabotage   incremental
separation   incremental   sabotage   incremental   separation
incremental\\\\\\\\\\\\\\\\\\\\\\\\\//////////////////////////

unprovoked match pause made her way only not in the path of mine I no longer want to stand near or even watch I am over sidelined and decided loyalty in decision loyalty in self loyalty comma and the heat comma and her repeated retreat comma took the steps up a fraction up a hill and out the door of her blind screen aphid swarming garden of misplaced torsos and old fans with rusted electrics on the hottest of evenings on a street her children could be on or not in another door another house the same house her house her used to be house not her house her retreat her return her setting up her other her weather her house her house her house her house

Written into hiding

Nerve

Wrists on fire. Bleeding into tables of dark, sand too soft, the slip repeated, dig and slip dig and slip. The only way to maintain space is to remove the slipping. Remove the earth.

Nerve

In a near miss romance of speedway proportions I asked if you had cut your ties yet. Literal paper bracelet denoting our tied. Binding. I left mine on for weeks.

Cut your ties.

I want ground to grow into. Which means taking some of you. And growing also away. Is this sustainable weather? Is this the part where we drive each other into the dark and with neither seeing we end end end the between. Cut in her hair. I tripped on a rose thorn and it pushed easily through front of my jeans into the soft of my thigh above knee. Del Kathryn Barton's rose and the nightingale[10] bleeding in the puncture.

Punctum.

The edges of distinction are far out of focus and her acceleration of heart rate counterweight counterfeit who is counting. Sit at a table opposite me and dare me to call it in my caffeine and white arrest. Dissertation in intimacy and nerve.   Defence.

=

Nerve

I ask my students to perform a dance of only beginnings, the irony I only realise in the doing; they are beginning, I am not. Like debating the ethics of Sophie Calle photographing the contents of a hotel guest's room without them knowing.[11] The ethics of exposure. The right to remain hidden. Dancing is a declaration of the right to remain hidden.

Dance dancer dance.

Nerve

Hide better

Bite harder
Hide better
Bite harder

Bite harder

Press harder
Bite better
Hide pressure

Bite

Press

Pressure

Can't think. Can't spin. No spin. No think.

Nerve

Only open bones. No sleep no sleep no sleep. Not the words enough to stop turning. I want clear ends. Border this beginning – underline the ending.........each live tripwire, tease of towards. Walk across the buildings of your forwards and behinds walk across high wire. And then. After crossing. See that the building is just as high. And you are still balanced. Except now you are expecting to fall. There is no guide rope here. And I understand why Yvonne Rainer said it all stopped because of too much pressure.[12] Loss is not a democracy. Control not the antonym to loss. The ropes are there for a reason, the frame, the family, the tropes, the tree. They break the tree down I break down in each of the 365 rooms Vita Sackville grew up in.[13] One at a time. My own privilege brings me to the line. Makes me accountable. Makes me see white. In her dark skin. In his dark skin. In my son's dark skin. In new brown eyes. Unexpected brown eyes.

Nerve

Bed. Room. History.   Take it.   This is my body that
will be given up for you.

                              The erotics of religion.

A poet asks me about the erotics of dance and why we don't talk
about it.   I think we feel about it.

x l   x L

                         x r

        x R

I am censored so I cannot tell you for myself.
Unless I am in love with you.   Which I am.

                                        undivided

and then she comma recorded comma the sound comma of scoring
comma in the base of her spine comma where fingers comma
print comma attention comma differently comma soundly comma
tearing comma any comma precedent comma of love comma into
tiny comma repetitions comma commitment comma and comma
while comma staying comma she opens comma in hallways comma
countries comma perfect ovation of pages comma bird call feelers
comma scar sung antlers comma creases comma carbon kept sense
comma split comma by range comma not axe comma gusts web
star comma echo comma longing comma allowing longing comma
remembering longing comma practicing who comma practicing who
she longs for comma practicing you comma practicing you coming
comma come comma come here comma come here softly comma
come here softly and comma i comma will comma be comma your
comma cradle comma as comma well comma as comma your comma
harness comma come comma come

Fractions of stalling.　　Woman in waiting.　　　　Nerve

This is standing without moving comma standing content only
and all you want is a battlefield comma I don't want comma want
is a cockroach comma spin comma in a spin comma domestic
content killed the kitten comma one eye on the road in front of
the other comma domestic short horror comma domestic drama
comma content comma slow down content with the last minutes
of breathing though the eyes of my son old enough to see death old
enough to experience content old enough to slow his seeing down
to match the scene old enough to respond to his body sinking old
enough to feel without words old enough for no words old enough to
stay old enough without question my own rocking silent repetition
I know I know I know I know I know I reverse the car with will and
an understanding of dusk comma that dusk is possible to undo
comma that dusk is not day not night comma that dusk did not
happen comma and death in dusk is easier to forget comma to
bury comma death at dusk comma is okay comma I know I know I
know I know I know exemption by dusk death by exemption I have
used dusk for many exemptions and dawn also dawn when her
hands first promised a sense of god not a metaphor comma actually
god comma concrete believing and I would get her to recite the
redeeming passages that would lead me just to keep her hands alive
and my travelling with them comma hands for god comma worth it
comma until those same hands declared the sin of my sensing and
have appeared in their daring ever since how many sets of hands to
sinking how many sets of hands has god seen sin comma the sinking
of standing before you comma the sin of sinking comma the sin of
staying upright.　　　　　　This is the season, ecclesiastes turn.

one clean glass into the cupboard. Another out.

　　　　　　　　　　　　　　　　　　　　　　　　　　Nerve

One/two
One/two

///////// \

Compass of her right hand x

                                                           left foot x

       right foot X

            \

               /

                               /

                                               x left

hand

             \

                   /   \

  /   \

     /   \

And the house fell < _ >
Backs turned > | | <

                                                     s^

                n^   w^

e^

                                          vvvV^^^vvV^^^^v^

Compression

I can hear the siren at dark mofo. I can hear it from here. I can hear it from the other side of the country, in the gap, in the space between lives where you can fit in all places. I believe you in that quiet kingdom. Your refusal of words makes me want them, you. But you watch. And I am practiced at hearing watching.

Counting in circles begin me again
Count me in circles

Compression

I can dance faster than you can. Slow down you fuck slow down your step.
Throw back
Throw back your day
Throw back your day
Throw back your day
Throw back your day

Walk me home walk me home walk me home walk me home walk me home again walk me home take me home overtake me home take me home walk with me take me home walk me walk me walk me over step
step
step
walk with me talk with me walk into me walk far into me into me walk with me walk with me take me over talk to me walk with me walk with me walk with me talk me home talk me home talk me home talk me home over talk over talk me walk with me take me home talk me home
step
step
step

walk with me walk with me take me over talk with me walk with me take me over talk to me walk with me walk with me walk with me talk me home talk me home talk me home talk me home over talk over talk me walk with me take me home talk me home talk me over over talk me walk with me walk step walk with me walk with me take me over talk with me
walk me
talk me over
talk me
walk me over home over come over step walk over step over step

<<<<<She walks backwards and backwards and backwards

Compression

Tarmac in Sydney, prelude to Perth, three hour time difference. I am ahead. Eleven year old brown eyes in my ear 'Does this mean you will technically be flying backwards in time?'

Compression

Begin again from the backs of women. See how she comes. See how she comes. She how she runs.

to run run run run

skipping and sugar skipping and sugar

||

whiskey and wide whiskey and wide

I am in an aisle. In a dress. In a suit. Barefoot. Bare. Toward and standing before. Alter, deception, trial, child, cliff, canyon, intersection, wave, wire, wildfire, court, walk with me talk with me walk into me walk far into me into me walk with me walk with me take me over talk to me walk with me walk with me walk with me talk me home talk me home talk me home talk me home over talk over talk me walk with me take me home talk me home talk me over over talk me walk with me talk me over walk me over walk over talk over talk

Stalling

What if her hand tears down my typography what if it can't be read what if the language is not my own what if the covers forget their contents what if it's impossible to disappear, what if in years, after another war, someone in a gallery clicks the X to expand the letters arranged for your seeing, what if you don't remember reading me what if your fingers find colour what if you become the writer what if I can't hold a pen, what if I can't hold myself my tongue my attention my time my peace. What, worse, if I can't hold yours. Let's start with I can, let's start with you waiting, let's start with the hammock of that unhurried let's start with a slow swing let's start with assumption of catching let's start with assumption of falling of sustaining, this is not Simon says, there is no says, no said, no sayer, put your hands on my words. Put your hands down, she suggests. Further. Further. further.

Meet me at the margin and I will make you

[sway]

There are some things unable to be seen in photographs, the breath before, the one after, the seeing that occurs in being seen. A lens not yours. No self, no selfie.   wider

Recording rooms uncaptured in the upheld Narnia of invisibility. Each letter held the truth together. The exchange proven in both hands typing writing attending to rewinding, truth told backwards, for the beginnings so hard to comply with the reach of skin and the psychology of smooth pale triangle of attention between breast bone and clavicle, soft mirror site of scapula - kite between her protruding confession. Fingers close around the brimming.

Compression

Pulse beats in belly, knocking that takes over the skipping the soaring, takes over speed with regular reminder of evenness, of clarity and animal. Singular smooth beat, rate of return. I retrieve multiple versions of the same document, the same body, each written into and variously abandoned. The end points all veer off in unrelating tensions and the hours cross time zones saved as compatibility mode. Version of compatibility. If I could lay these pages out from end to end. Then what. Then where. Pick up your own pages. Press. p   r   o   m   i s   e   promise p promise promise promise promise promise promise promise r promise promise promise promise promise promise promise promise promise promise promise promise promise o promise

promise promise promise promise promise promise m promise
promise promise promise promise promise promise promise
promise promise promise promise i promise promise promise
promise promise promise promise promise promise promise
promise promise promise s promise promise promise promise
promise promise promise prise promise promise promise promise
promise promise promise promise promise promise promise
promise prise promise promise promise promise promise promise
promise promise promise promise promise promise promise
promise promise promise promise promise promise promise
promise promise ise promise promise promise promise promise
promise promise promise e promise promise promise promise
promise promise promise promise promise promise promise
promise promise promis promise promise promise promise
promise promise promise pro promise promise mise prom promise
promise pr promise promise promise promise promise promise
promise promise promise promise promise promise promise
promise promise promise promise promise omis promise promise
promise promise promise promise promise promise promise
promise promise promise promise promise promise promise
promise promise promise promise promise promise promise
promise promise promise promise promise promise promise
promise promise promise promise promise promise promise
promise promise promise promise promise prise prise prise prise
promise promise promise promise only room room room room
room room room room room room room room room room room
room room room room room room room room room room room
room room room room room room room room room room room
room room room room room room room room room room room
room room room room room room room room room room room
room room room room room room room room room room room
room room room room room room room room room room room

room room room room room room room room room room room
room room room room room room room room room room room
room room room room room room room room room room room
room room room room room room room room room room room
room room room room room room room room room room room
room room room room room room room room room room room
room room room room room room room room room room room
room room room room room room roomv room room room room
room room room room room room room room room room room
room room room room room room room room room room room
room room room room room room room room room room

1. You promised
2. You promised
3. You promised
4. You promised

[

          Sway   - - - -

                         Sway

       - - - -   ]

I can read you from here   o\
                         O
                   _/_\

:

Hand

THEEVENNESSISMORERELIABLEINHERBODYT
HATPRACTICESDISSONANCEANDDELAYTHAT
DOESNOTLEAVEANDCANNOTGETUPWITHOUT
THECRADLEOFYOURHANDS

There are no corners in a lit stage, I carve corners into otherwise ongoing, there is only density and time, move so fast that they can see the edges before you, like driving up to an intersection, not looking away. Staying in the crash. Lying in the glass. Trial and defeat. Always intersection. I watch an Austrian film where everyone leaves. Trains, hues of blue, jetties, stairs, candles, betrayal, love and the like and the like and the like. I dance in frames of reference overlapping in a compression of association so that I am answerable to none of it, to no one.

How much is the cost of a conversation?
Count in dollars
In data
In departure
In erasure
In

The sound of dancing

Hand

This book has elbows.
I am torn at the wrist. Torn not even in chapters.
This is not the end not the end not the ending.
Return.

West is the end of the story. Let it end. Let this story end.

Why did I expect I could bring the unknown into the known without changing it? Asked Richard James Allen[14]

Hand
Over
Hand

The turning of paper in my hands, careful as you turn she says, the fold will hold. turn. over.

Uncommon venue. Uncommon in her work, hair to edge of paper. wendy drunk by Brett Whiteley[15], her face, her state, her fearless, her Cy etched into the walls, my Cy she says, and I look lightly at the triptych of boat lines and see her hand studied in formless capsules, watertight vessel and commitment to sail. birth with small b and death with a small d, with only c between. only sea. only middle c. in the middle of seeing. the softening of metal, the molten of breast plate. before Christ. before sea. before seeing.

read further with your eyes closed. The orientation of Sara Ahmed.[16]
I am facing you and all behind me parts >|

Reorientation. Of that which makes room. . . . .
. . . .
. . . .
. . . .
. . . . ^^^V^V^vvv^vv^vvv^^v^V^^v^. . . . .
. . . .< >

There is a spotlight rotating in the palm of her hand

I step
Into it

                                                      Hand

Into the unwavering waiting.

                                                Handling

Still in her palm

Thumbelina dance, Thumbelina sing

I launch from fingertip to fingertip speaking at a thousand miles an
hour.
           I can balance. I am good at this.
                                      Turn turn turn.

You watch.

I am practiced at hearing your watching.

                                    The sound of your hands.

During the labour of my third child arriving I counted aloud
in eights, in an unfaltering syncopation of sounded repetition.
Listening. Known repetition. *The sound of dancing.*

One two three four five six seven eight.
One two three four five six seven eight.
One two three four five six seven eight.

This is not birth.

I was already here.

Dance dancer dance.

[
    s w a y
       ]

In your hands.

re   turning.

```
/o
 ^
/\_
```

>

Footnotes

1. Jeanette Winterson, *Written on the Body*, Knopf, NY, 1992.
2. Eileen Myles, 'For Jordana', in *Sorry, Tree*, Wave Books, Seattle, 2007.
3. Ali Smith, *How to be Both*, Penguin, London, 2015.
4. Samuel Beckett, Not I, *Footfalls*, Rockaby, performed by Lisa Dwan at the Perth Festival, State Theatre of Western Australia, 15 February, 2015.
5. David Walsh is the owner of the Museum of Old and New Art (MONA) in Tasmania.
6. Marina Abramovic, *The Artist is Present*, performance, MOMA, New York, 2010.
7. Felicia Atkinson, *Hand in Hand*, Shelter Press, France, 2017.
8. Peter Seeger, 'Where have all the Flowers Gone?', Columbia Records, 1964.
9. *Rove Live*, television program 1999–2009, Network Ten, Australia.
10. Del Kathryn Barton, *The Nightingale and the Rose*, exhibition, ACMI, Melbourne, visited on 28 August, 2016.
11. Sophie Calle, *The Hotel, Room 47*, 1981.
12. Yvonne Rainer talked about too much pressure as a reason for the end of the *Grand Union* in taped conversation with Sally Banes and David Gordon on 15 February, 1979, NY.
13. Knole, where Vita Sackville-West lived, is known as a 'calendar house', having a room for each day of the year.
14. Richard James Allen, 'Alchemy', in *The Kamikaze Mind*, Brandi & Schlesinger, Blackheath, 2006.
15. Brett Whiteley, *Wendy Drunk 11 pm*, 1983.
16. Sara Ahmed, *Queer Phenomenology*, Duke University Press, Durham and London, 2006.

Acknowledgments

The dancer in your hands < > was submitted as the creative component of my PhD at ECU in 2018. My supervisory A-team made room for the incessant not-knowing and delay I continually presented them with; thank you to Marcella Polain for her steadfast belief, acute insights, trust, and generous guidance in this body of work; Jonathan W. Marshall for his naming of my (exegetical) work as poetry and for his demanding annotations and expectations of clarity to surface; Cat Hope for championing my work and expecting brilliance while demonstrating it.

As a dancer, lineage of practice is entangled in many bodies, and I thank Karen Pearlman, Rosalind Crisp, Jennifer Monson and Richard James Allen for fuelling the early fire. Chrissie Parrott for her depth of understanding. Maggi Phillips for her knowing, and her critical exactitude. Julieanna Preston for taking a chance and featuring my work at *Performing, Writing* in 2017. The students of dance at WAAPA between 2001–2020, thank you for being my constant studio, for engaging with my work so generously and for your teachings – so many of you now colleagues. Rhiannon Newton, Emma Fishwick, and Niharika Senapati for early practice with writing as dancing. And Paea Leach (wingman), my favourite dancer-thinker, long may we dance.

My (unknowing) studio cohort and instrumental companions: Jeanette Winterson (*Art Objects*), Maggi Nelson (*Argonauts*), Lilly Blue (*She felt,* and *Human*), Felicia Atkinson (*Hand in Hand*), Hélène Cixous (*Stigmata*), Eileen Myles (*For Jordanna*), Yvonne Rainer, Sophie Calle (*Take Care of Yourself*), Ruth Hadlow (*Patternbook*), Benjamin Forster (*Reading (deappel.nl)*) Kate Tempest (*Hold Your Own*) Gertrude Stein (her voice reading *Portrait of Picasso*)

Dee Pollitt for her unfailing presence, love, and radiant light, and Rod Pollitt for making good things grow. Chris & Foni Pollitt. Nathan, Sari, and the Bennett family. Cath Stewart for unwavering life-long friendship, the best. Linda Martin for her encouragement at a pivotal point. Gene Eaton for the labour of working through our early design collaboration. Maitland Schnaars, Claudia Alessi, Anika Boulanger-Mashberg, Sam Fox, Wendy McPhee, Eva Fernandez, Rose Mastroianni, Nancy Mauro-Flude, the street strumpies, Jo Tocatly, Alexandra Harrison, and others for being part of the (re)evolution.

My children Luca, Sacha and Nadia for being my walking hearts, living through this with me, their endless provocations and cheering me on at the end, and Twyla for noticing repetitions (and poet John Hall for reminding me that repeated words are the only ones that count). The APA and Edith Cowan University scholarships for providing financial support as an artist, scholar and mother, because of this I could collect my kids most days after school and could work flexibly and intensively.

Mindy Blaise for her vision, for expanding my work into new worlds, and for hiring me (!), and Jane Merewether for making diffractive sense of it all.

Terri-ann White for her long-time championing of dance as a vital affecting force in the world, and the team at UWAP for publishing *the dancer*. Marion May Campbell for her unbridled support of this work and for recognising the academic rigour and political implications of love.

This work would not have been possible without the generous intellect and critical eye, endless patience, and the practical and poetic support given by Lilly Blue, this is for you, the actual turning in my life, thank you < >.